W0288404

Rainer Crummenerl

Leselöwen

Piraten-Wissen

Illustrationen von Silvia Christoph

Loewe

Bibliografische Information Der Deutschen Bibliothek
Die Deutsche Bibliothek verzeichnet diese Publikation in der Deutschen Nationalbibliografie; detaillierte bibliografische Daten sind im Internet über *http://dnb.ddb.de* abrufbar.

Der Umwelt zuliebe ist dieses Buch auf chlorfrei gebleichtem Papier gedruckt.

ISBN 3-7855-5215-7 – 1. Auflage 2004
© 2004 Loewe Verlag GmbH, Bindlach
Umschlagillustration: Silvia Christoph
Umschlaggestaltung: Andreas Henze
Gesamtherstellung: sachsendruck GmbH, Plauen
Printed in Germany

www.loewe-verlag.de

Inhalt

Klara und die Strandräuber

Klara wälzt sich von einer Seite auf die andere. Sie kann einfach nicht einschlafen! Der Sturm heult um die Hausecken, und die Brandung donnert an den Strand. Dabei ist der Oktober des Jahres 1370 bisher wunderschön gewesen.

Nikolaus scheint das Unwetter nicht zu stören. Er schläft tief und fest. Nikolaus ist Klaras Vetter. Er wohnt mit seinen Eltern und zwei älteren Brüdern direkt am Strand der Nordsee, und einmal im Jahr darf Klara ihn besuchen.

Plötzlich huscht ein Lichtstrahl durch das Zimmer. Klara richtet sich auf ihrer Stroh-matratze auf. Licht, um diese Zeit? Klara steht auf und schaut aus dem Fenster. Der Lichtschein kommt von einer Laterne, die auf dem Kopf eines Ochsen befestigt ist. Obwohl es dunkel ist, kann Klara den Ochsen gut erkennen. Er steht vor dem

Stall. Verwundert sieht Klara, dass er die Laterne zwischen seinen Hörnern trägt. Kurze Zeit später kommt Onkel Klaus aus dem Stall. Gemächlich führt er den Ochsen an einem Strick hinunter zum Strand. Bald verschwinden beide hinter einer Düne.

Klara schüttelt den Kopf. „Komisch", denkt sie. „Was will Onkel Klaus mitten in der Nacht mit dem Ochsen am Strand?" Ob Nikolaus es ihr erklären kann? „Nikolaus", ruft sie leise und dann noch einmal, etwas lauter. Aber er schläft tief und fest. Klara kuschelt sich wieder in ihr Bett. Der Sturm rüttelt an der Kate, und das Meer tobt noch immer. Endlich schläft sie aber ein.

Am nächsten Morgen wird Klara früh wach. An ihrem Bett steht Nikolaus und zieht an ihrer Decke. „Nun mach schon“, sagt er, „wir müssen gleich los.“ Nikolaus deutet aufgeregt nach draußen. „Ein Schiff ist gestrandet, nicht weit von hier.“

Klara springt wie der Blitz aus dem Bett und zum Fenster. Der Sturm hat sich gelegt. Das Meer glitzert in der Sonne. Klara schaut von links nach rechts. „Ich sehe kein Schiff“, sagt sie. „Ist es denn ein großes?“

„Ein Dreimaster.“ Nikolaus zeigt auf die große Düne. „Er liegt dahinter, gleich neben der Landzunge. Aber nun beeil dich. Die anderen sind schon lange weg.“

Etwas später stapfen sie über den feuchten Sand. Klara kaut an einem Stück Brot. Vor Aufregung hat sie vergessen, Nikolaus von ihrem nächtlichen Erlebnis zu erzählen.

Kaum hat Klara hinter Nikolaus die Kuppe der Düne erreicht, sieht sie auch schon das Schiff. Es hat drei Masten und liegt auf der Seite. Wellen schlagen gegen seinen Rumpf.

„Mein Gott!" Klara hält sich erschrocken die Hand vor den Mund. „Das ist ja furchtbar."

Der Strand ist schwarz vor Menschen. Wie Ameisen laufen die meisten geschäftig hin und her. Ruderboote schaukeln auf den Wellen. Viele kommen schwer beladen von dem Schiff zurück.

„Wo ist denn die Besatzung?", fragt

Klara unruhig. Sie beschattet mit einer Hand ihre Augen, um besser sehen zu können.

Nikolaus zuckt mit den Schultern. „Irgendwo.“ Dann zeigt er auf eine flache Insel. „Vielleicht dort drüben, auf der Hallig. Wegen der starken Brandung konnten sie hier ja nicht an Land. Die werden's schon überlebt haben.“

Kurz darauf erreichen die beiden den Strand. Klara hat noch nie so viele Kisten, Fässer und Krüge auf einmal gesehen. Und es werden immer noch Waren und Gegenstände an Land geschleppt.

„Gucken kannst du später“, sagt Nikolaus und schiebt Klara weiter. Ein Boot nähert sich. Es liegt tief im Wasser. An den Rudern sitzen ihre beiden großen Vettern. Ganz vorn steht Onkel Klaus. Gerade ruft er ihnen etwas zu. Da berühren sie auch schon den Grund.

„Los, komm mit!“, befiehlt Nikolaus und zieht Klara zum Boot. Sie waten durch das Wasser. Es ist eiskalt. Wenn die Wellen heranrollen, geht es Klara bis zu den Hüften.

In den nächsten Stunden sind sie damit beschäftigt, das Boot auszuladen und die Kisten und Fässer am Strand zu stapeln. Als Klara den fünften oder sechsten schweren Weinkrug zum Strand schleppt, fällt ihr plötzlich ein, dass sie ja gar nicht schwimmen kann. „O Gott“, murmelt sie und geht auf wackeligen Beinen weiter. Am liebsten würde sie bei ihrer Tante bleiben, die am Fuß der Düne die Beute bewacht.

Kaum hat Klara den Krug dort abgesetzt, ruft Nikolaus schon wieder nach ihr. Er klingt sehr ärgerlich. Seufzend watet Klara zurück zum Boot. Es ist noch immer schwer beladen.

Am Abend hocken alle in der Kate zusammen. Onkel Klaus ist guter Dinge. „So viel hatten wir schon lange nicht mehr“, freut er sich und nimmt einen großen Schluck Wein.

„Und Klara hat tüchtig geholfen“, sagt die Tante.

Nikolaus nickt anerkennend. „Das habe ich ihr gar nicht zugetraut.“

Klara sitzt in eine Decke gehüllt. Sie zittert vor Kälte. Am liebsten würde sie gleich ins Bett gehen. Da fällt ihr plötzlich ein, was sie in der Nacht beobachtet hat. „Was hast du heute Nacht eigentlich mit dem Ochsen am Strand gemacht?“, fragt sie ihren Onkel. Bevor der antworten kann, fängt Nikolaus an zu lachen.

„Du hast wirklich keine Ahnung! Was glaubst du eigentlich, wovon wir hier leben?“

Die Tante reicht Klara einen Becher mit heißem Tee. „Aber denke ja nicht, dass es uns Spaß macht.“

Spaß macht? Was denn eigentlich? Verwirrt schaut Klara ihren Onkel an. Der nimmt einen weiteren Schluck aus seinem Krug. Dann beginnt er umständlich zu erklären.

Diese Nacht kann Klara wieder nicht einschlafen. Das liegt aber nicht am Wetter. Sie kann einfach nicht glauben, was sie erfahren hat: Dass Onkel Klaus in stürmischen und mondlosen Nächten den beleuchteten Ochsen nur deshalb am Strand spazieren führt, um die Schiffer draußen auf dem Meer zu täuschen. Die Seeleute sollen das schwankende Licht für die Laterne eines segelnden Schiffes halten. Sie nehmen dann an, dort sei noch gutes, also schiffbares Wasser. Manchen ergeht es schließlich so wie dem Dreimaster.

Klara schlägt die Hände vor ihr Gesicht. Sie schämt sich. Nie wieder wird sie dabei mithelfen, arme Schiffer auszuplündern!

Geschichte der Seeräuberei

Die Küstenbewohner der Nord- und Ostsee kannten das so genannte **Strandrecht**. Es besagte: Wer Gegenstände findet, die das Meer an den Strand gespült hat, darf sie behalten.

Das Strandrecht galt auch für gestrandete Schiffe. Die Küstenbewohner kamen deshalb oft in Versuchung: Man brauchte nur ein Leuchtfeuer zu versetzen – und schon strandete ein Schiff. Schnell wurden aus Strandsuchern **Strandräuber**.

Die Landesherren drohten den Strandräubern schwere Strafen an. **Strandvögte** kontrollierten die Küsten. Meist drückten sie aber beide Augen zu. Ein Teil des Strandgutes gehörte nämlich dem Landesherrn. Später wurden aus den Strandräubern Seeräuber.

Seeräuber hat es aber schon viel früher gegeben. Einige kamen zum Beispiel aus dem Norden Europas. Man nannte sie **Normannen** – Männer aus dem Norden. Heute kennen wir sie besser unter dem Namen **Wikinger**.

Die Wikinger suchten die Küsten Westeuropas vor über 1 000 Jahren heim. Sie mordeten, plünderten und brandschatzten. Nach den Überfällen verschwanden sie mit ihrer Beute über das Meer.

Seeräuber gab es auch schon im alten Rom. Vor allem im Mittelmeer verbreiteten sie mit ihren leichten Booten Angst und Schrecken. Die Römer setzten **Kriegsgaleeren** mit Rammsporn und Kampfturm gegen sie ein.

Im Nebel vor Helgoland

„Nimm deine Jacke mit“, sagt Frau Laube, „oben ist es windig und kalt.“ Max schüttelt entrüstet den Kopf. Warum behandelt ihn Oma nur immer wie ein Baby? Und noch dazu vor anderen Kindern. Sie weiß doch, dass er nur selten friert. Außerdem scheint heute die Sonne.

Widerwillig geht Max hinter seinem Großvater die Treppe hinauf zum Sonnendeck der Fähre. Wie hatte er sich noch gestern auf die Fahrt nach Helgoland gefreut! Das ganze Schiff wollte ihm der Großvater zeigen. Aber dann hat Max das „Spielparadies“ für Kinder entdeckt. Statt mit Opa das Schiff zu erkunden, hätte er lieber noch weitere Computerspiele ausprobiert.

„Na, eine Jacke wäre wohl doch nicht schlecht gewesen“, meint Herr Laube, als sie das oberste Deck betreten. Es ist frisch geworden. Die Sonne ist durch Nebelschleier verhüllt. Gleich wird sie ganz verschwinden.

„Da vorne ist eine ziemlich dicke Nebelbank.“ Der Großvater zeigt in Fahrtrichtung auf das Meer.

„Ist das schlimm?“, will Max wissen.

„Schlimm nicht“, sagt der Großvater, „aber auch nicht schön.“

Er schaut auf seine Uhr. „Vor zwei Stunden haben wir abgelegt, richtig?“

Max nickt.

„Dann müssten wir sie eigentlich schon erreicht haben.“

„Die Insel? Ich denke ...“

Der Großvater schüttelt seinen Kopf. „Nein, ich meine die Stelle, an der die Hamburger vor sechshundert Jahren Störtebeker gefangen genommen haben.“

„Den berühmten Seeräuber? Hier?“ Max ist plötzlich ganz aufgeregt. Von Störtebeker hat der Lehrer doch neulich erst erzählt. „Wie ist er ihnen denn ins Netz gegangen?“

Der Großvater setzt sich auf eine Bank und stopft sich eine Pfeife. „Es war ein Tag wie heute. Die Hamburger wussten, dass Störtebeker und seine Leute mit ihrem Schiff irgendwo vor Helgoland lagen. Bei dichtem Nebel traf ihre Flotte also hier irgendwo ein. Die Schiffe ließen die Anker fallen. Ihr stärkstes, die Bunte Kuh ...“

„Was ist denn das für ein komischer Name?“, will Max wissen.

„Das Schiff war braun, grau und weiß angestrichen, daher der Name. Also, die

Bunte Kuh ließ ein Beiboot zu Wasser. In ihm saß der Steuermann. Er hatte sich als Fischer verkleidet. Vorsichtig ruderte er zu Störtebekers Schiff."

Der Großvater zeigt in die Nebelbank. „Gleich wird sie uns verschlingen", sagt er und nimmt einen langen Zug aus seiner Pfeife. Max beugt sich über die Reling und starrt die Bordwand hinunter. Da unten ist der Steuermann langgerudert, denkt er und kann das Wasser kaum noch erkennen.

Ein langes, heiseres Hupen ertönt. Max fährt erschrocken zusammen.

„Das Nebelhorn“, sagt der Großvater, „in zwei Minuten tutet es wieder.“ Er steht auf. „Lass uns besser nach unten zum Heck gehen. Dort hinten ist es auch ganz schön.“

„Und wie ging es dann weiter?“, fragt Max, als sie endlich an ihrem neuen Platz sitzen.

„Der Steuermann machte sein Boot am Heck des Seetigers fest. So hieß das Schiff von Störtebeker. Dann entfachte er ein Feuer. Dabei wurde er aber von jemandem aus Störtebekers Mannschaft überrascht. ‚Ich mache mir nur eine Suppe heiß‘, rief der angebliche Fischer und beugte sich über die Flamme, die in seinem Boot loderte. Der Mann an der Bordwand über ihm glaubte es. Wenn er gewusst hätte, dass da unten keine Suppe gewärmt, sondern Blei flüssig gemacht wurde!“

„Blei?“, fragt Max, „was wollte er denn mit Blei?“

Der Großvater steht auf und geht zur Bordwand. Unter ihm rumoren die Schrauben der Fähre. „Mit dem flüssigen Blei hat er das Steuerruder von Störtebekers Schiff blockiert.“

„Und dann konnten sie es nicht mehr steuern.“ Max nickt und lässt seinen Blick über die schaumige Spur des Kielwassers gleiten. Sie wird schon nach wenigen Metern vom Nebel verschluckt. „Und dann?“

„Dann machten sich die Hamburger daran, Störtebekers Schiff zu entern.

Zuerst legte sich die Bunte Kuh neben das Flaggschiff des Seeräubers. Das konnte ja nun nicht mehr ausreißen. Und schließlich kletterten sie mit fürchterlichem Gebrüll ..."

Ein dumpfes Trampeln lässt den Großvater verstummen. Das Geräusch schwillt an und scheint immer näher zu kommen. Es ertönen Rufe und Schreie, und plötzlich wird die Tür aufgestoßen. Eine Schulklasse stürmt auf das Deck.

Max atmet tief durch, und der Großvater sagt: „Ich denke, ihr habt Ferien."

„Wir schon, aber doch nicht alle."

Der Großvater lächelt. „Ja, so ähnlich wird das damals auch geklungen haben." Er zieht Max in eine ruhige Ecke. „Die Hamburger haben Störtebekers Schiff also geentert. Es kam zu einem Kampf. Störtebeker selbst konnten sie aber erst bezwingen, nachdem man ihm ein Netz über den Kopf geworfen hatte."

Max sagt erst einmal gar nichts. Dann guckt er in den Nebel. „Und das war wirklich hier?"

„Hier irgendwo."

„Und das hat sich genau so ...?"

„Wer weiß das schon." Der Großvater stopft sich eine neue Pfeife. „Berichte über Störtebekers Gefangennahme gibt es keine. Also erzählen sich die Leute das, was ich dir jetzt erzählt habe." Dann zündet er sich die Pfeife an. „Vielleicht war es aber auch ganz anders."

Seeräuber auf Nord- und Ostsee

Im frühen Mittelalter nahm der Seehandel auf Nord- und Ostsee immer mehr zu. Die wichtigsten Hafenstädte schlossen sich zu einem Bündnis zusammen. Die so genannte **Hanse** verfügte schon bald über rund tausend Frachtensegler.

Die gefürchtetsten Seeräuber auf Nord- und Ostsee waren die **Vitalienbrüder**. Sie heißen so, weil sie 1389 im Krieg zwischen Schweden und Dänemark die eingeschlossenen Stockholmer mit Lebensmitteln, „Viktualien“, versorgten.

Anführer der Vitalienbrüder waren Godeke Michels und **Klaus Störtebeker**. Ihre Schiffe lauerten vor allem in der Nordsee. Die Hanse wehrte sich. Sie rüstete zahlreiche Koggen zu Kriegsschiffen um, den Fredekoggen.

Die Vitalienbrüder kämpften auch im Frieden weiter. Nun griffen sie die Schiffe der Hanse, die Koggen, an. Für ihre Raubzüge nutzten sie den **Hulk**, einen Dreimastsegler. Sie bestückten ihn mit vielen Kanonen.

1401 wurden die Seeräuber vor Helgoland zum Kampf gestellt. Die Flotte der Hanse wurde von einem neu gebauten Schiff angeführt. Es hieß **Bunte Kuh**. Viele Vitalienbrüder überlebten das Gefecht nicht. Störtebeker wurde gefangen genommen.

Die Seeräuber kamen in Hamburg vor ein Gericht. Das Urteil lautete: Tod durch das Schwert. Im Oktober 1401 wurden Störtebeker und seine Leute enthauptet.

Piraten an Bord

Juan beugt sich über die Bordwand. Wo fliegende Fische sind, sind auch Delfine. Das hat Pedro gesagt. Pedro ist Bootsmann auf der Maria. Er muss es wissen. Aber Juan sieht nur das glitzernde Meer. Ein kräftiger Wind füllt die Segel über ihm. Trotzdem schiebt sich das Schiff nur langsam durch die lange Dünung. Es ist schwer beladen.

Juan atmet tief durch. So langweilig hat er sich die Reise nicht vorgestellt. Dabei sind sie erst vierzehn Tage unterwegs. Mindestens noch einmal so lange werden sie bis Jamaika brauchen. Juans Vater soll dort eine Handelsniederlassung übernehmen.

Plötzlich hüpft und tanzt es auf den Wellen. Juan sieht genauer hin. Aus dem Wasser steigt etwas hoch und huscht vorbei. Ein Fliegender Fisch! Das muss er sofort seinen Eltern erzählen.

„Schiff voraus, Kapitän“, hört Juan da eine Stimme. Sie gehört dem wachhabenden Matrosen. Er steht hoch oben im Mastkorb und schaut in sein Fernrohr.

Juan sieht in die angezeigte Richtung. Am Horizont kann er ein winziges Pünktchen erkennen. „Es gibt also nicht nur uns auf diesem großen Meer“, denkt er und hat den Fliegenden Fisch schon wieder vergessen.

Das Schiff kommt immer näher. Sein Segel ist schon gut zu sehen. „Zweites Segel in Sicht“, schreit da der Mann im Ausguck, „es kommt direkt hinter dem anderen.“

Nun läuft der Kapitän zum Heck. Rasch führt er ein Fernrohr ans Auge.

Tatsächlich! Zwei schnelle Segler sind auf ihrem Kurs. Der Kapitän nickt einem herbeieilenden Offizier zu.

Auf dem Schiff wird es plötzlich lebendig. Befehle werden gerufen, und Männer hasten über das Deck.

Juans Vater kommt aus seiner Kabine. „Was ist denn los?“, fragt er einen Matrosen und sieht sich gleichzeitig nach Juan um.

Der Mann weiß es auch nicht. „Es könnten Piraten sein“, knurrt er, „vielleicht aber auch nicht.“ Damit lässt er Juans Vater stehen, der vor Schreck erstarrt.

Juan hat sich neben seinen Vater gestellt. Auch er ist blass geworden. Wie viele Schauergeschichten hat ihm Pedro nicht schon über Seeräuber erzählt.

„Am besten, wir verstecken dich“, sagt der Vater. „Warte hier auf mich.“ Schnell verschwindet er im Bauch der Maria.

Inzwischen kann Juan die vom Wind geblähten Segel der beiden fremden Schiffe schon mit bloßem Auge erkennen.

„Jolly Roger“, schreit da der Mann im Ausguck. Dann saust er wie ein Blitz nach unten.

Als die beiden Schiffe nahe genug sind, weiß Juan, was der Ausruf zu bedeuten hat. Der Mann meinte die Flagge am Hauptmast der beiden Segler. Sie zeigt einen Totenkopf und gekreuzte Schwerter auf schwarzem Grund.

Der Kapitän der Maria lässt nun auch das letzte Segel setzen. Hastig werden alle entbehrlichen großen Geräte über Bord gestoßen. Das Schiff soll leichter und schneller werden. Aber die Piraten kommen immer näher.

„Wo bleibt denn nur Papa?“, denkt Juan verzweifelt. Mit Entsetzen sieht er die vielen gelb bemalten Geschützpforten am Rumpf des ersten Piratenseglers.

„Ein Sechsunddreißiger“, sagt da Pedro. Der Bootsmann steht plötzlich neben Juan. Dieser guckt ihn verständnislos an.

„Der Segler hat 36 Kanonen“, erklärt der Bootsmann, „jetzt kann uns niemand mehr helfen!“ Sie sehen, wie zwei Männer auf dem Piratenschiff eine kleine Kanone in ihre Richtung drehen.

„Runter“, schreit Pedro und drückt den Jungen hinter die Bordwand. Noch im Fallen sieht Juan ein Rauchwölkchen aufpuffen. Ein dumpfes Grollen ist zu hören. Im gleichen Moment reißt das gebauschte Großsegel über ihnen.

„Sie wollen uns stoppen“, sagt Pedro und zerrt Juan zu einem kleinen Beiboot. „Hier bist du sicherer als in der Kabine. Ich werfe dir noch ein paar Taue über den Kopf.“

„Aber mein Vater ...“

„Der hat mich gebeten, dich zu verstecken.“

Unglücklich hockt Juan in dem Boot. Die Taue über ihm sind hart und schwer. Aber wenn er den Kopf ein klein wenig hebt, kann er wenigstens sehen, was geschieht.

Ein paar Minuten passiert gar nichts. Dann taucht der größere der beiden Piratensegler dicht neben der Maria auf. Ein mächtiger Ruck geht durch das Schiff. Enterhaken fliegen durch die Luft. Sie bohren sich in die Bordwand der Maria.

Juan sieht, wie die Piraten auf das Schiff stürmen. Viele haben einen nackten Oberkörper. Sie brüllen und schwingen Beile und Säbel. In ihren Gürteln stecken Messer und Pistolen.

Juan zieht seinen Kopf ein. Er zittert am ganzen Körper. Was, wenn sie ihn entdecken? Oder seine Eltern unten im Schiff?

„Leute“, hört er da die schneidende Stimme des Kapitäns. Sie übertönt die Schreie der Piraten. „Leute, ich befehle euch: Kein Widerstand. Legt die Waffen nieder! Sofort! Wir ergeben uns.“

Die Piraten jubeln und schießen in die Luft. Juan sieht, wie sie Pedro und die anderen Männer der Maria fesseln. Dann

plündern sie das Schiff aus. Alles geht sehr schnell, obwohl es Juan wie eine Ewigkeit vorkommt.

„Das gibt es doch gar nicht“, sagt Pedro kopfschüttelnd, als er den Jungen aus dem Boot befreit. „So etwas habe ich noch nie gehört.“

Auch Juans Eltern können kaum fassen, dass sie davongekommen sind. „Das wird uns niemand glauben.“

„Und wenn ich es beschwöre?“, fragt Juan. Er kann sogar schon wieder lächeln. Und er wird nie wieder denken, dass diese Überfahrt langweilig ist!

Das Entern von Schiffen

1492 entdeckte Christoph Kolumbus Amerika. Daraufhin raubten spanische Soldaten und Abenteurer die Ureinwohner aus. Ihre Schiffe brachten gewaltige Mengen Gold und Silber nach Europa. Viele dieser **Schatzschiffe** wurden von Piraten überfallen.

Wenn die Piratenschiffe zum Angriff übergingen, setzten sie meist eine Flagge. Der **Jolly Roger** sollte Furcht und Schrecken einjagen. Viele Piratenwimpel zeigten auf schwarzem Hintergrund Dolche, Skelette und Teufel.

Am liebsten griffen die Piraten von hinten und mit großer Geschwindigkeit an. Das angegriffene Schiff hatte seine meisten Kanonen an der Seite. Wollte die Mannschaft sie abfeuern, musste sie das Schiff drehen. Das kostete viel Zeit.

Während ihrer Seereisen trugen die Piraten gern Hosen und Jacken aus rauem Segeltuch. Im Kampf bevorzugten sie mit Pech beschichtete Kleidungsstücke. Diese Pechschicht schützte ein bisschen vor Dolchstichen.

Wurde ein Seeräuber verwundet, erhielt er oft eine Entschädigung. Der Verlust des rechten Beines brachte ihm fünfhundert Peseten (spanische Währung) oder fünf Sklaven. Ein verlorenes Auge wurde mit hundert Peseten oder einem Sklaven vergütet.

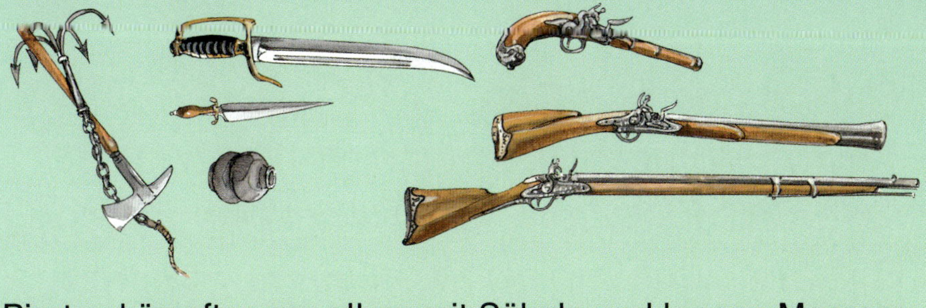

Piraten kämpften vor allem mit Säbeln und langen Messern. Manche hatten auch Pistolen oder Donnerbüchsen. Mit den Donnerbüchsen konnte man gleich einen ganzen Hagel von Bleikugeln abfeuern.

Besuch auf der Princess

„Pass doch auf!“, schimpft Benjamin. Elizabeth ist ihm gerade auf den Kopf getreten. Hätte er bloß vor ihr das Ruderboot verlassen! Aber die Strickleiter hat so entsetzlich an der Bordwand geschaukelt, dass er es mit der Angst bekam.

Elizabeth sagt gar nichts. Sie klettert weiter, bis zwei starke Arme sie an Bord des Schiffes ziehen.

„Willkommen auf der Princess“, sagt ihr Helfer und lächelt.

Elizabeth schaut ihn an. „Mister Morgan?“ Beinahe hätte sie Bens Vater nicht wiedererkannt. Aber sie hat ihn zuletzt ja auch vor zwei Jahren gesehen. Am 7. Oktober 1692, dem achten Geburtstag von Ben.

Bens Vater zieht seinen Sohn an Deck, während Elizabeth sich neugierig umschaut. Sie war noch nie an Bord eines Schiffes. „Danke, Mister Morgan, dass Sie ...“

„Bedank dich bei Ben. Es ist ja sein Geburtstagsgeschenk.“ Er schüttelt den Kopf und lacht. „Ein Mädchen auf der Princess! Das ist wirklich etwas Neues!“

„Frauen an Bord bringen Unglück“, sagt Ben und zwinkert seiner Freundin zu.

Elizabeth lacht und atmet dann tief durch. Dieser Geruch von Salz und Teer ist wirklich ganz besonders!

„Ich habe noch zu tun“, sagt Mister Morgan. „William zeigt euch das Schiff.“

William ist ein kleiner, rothaariger Bursche. Er verbeugt sich vor den Kindern und geht ihnen voran.

Der Kajütengang ist leer. Lange begegnet ihnen keine Menschenseele. „Heute ist noch einmal Landgang“, sagt William, „die meisten kommen erst morgen wieder an Bord.“

„Und wo schlafen sie dann?“, möchte Elizabeth wissen.

„Schlafen?“ William zuckt mit den Schultern. „Wo Platz ist, zum Beispiel hier.“ Er öffnet eine Tür. Über Fässern und Ballen baumeln Hängematten.

„Ist doch gemütlich“, findet Ben.

William nickt. „Vor allem, wenn man weiß, dass sich nebenan die Pulverkammer befindet. Kommt, ich zeig euch auch noch die Kombüse.“

Später sitzen die Kinder in Mister Morgans Kajüte. Sie ist riesig und befindet sich direkt über dem Ruder. Ihre hintere Wand besteht fast ausschließlich aus prachtvoll verglasten Fenstern, durch die man die untergehende Sonne sehen kann.

Ehrfurchtsvoll betrachtet Elizabeth die edlen Möbel. Am besten aber gefallen ihr die beiden Seitenbalkone. Auch sie sind verglast. Elizabeth kann gar nicht oft genug hinausschauen.

Langsam wird es dunkel. Ein feuchter Nebel steigt vom Meer auf. Möwen umkreisen die Mastspitzen. Sie stoßen heisere Schreie aus.

Endlich kommt der Kapitän. William bringt ihm eine Karaffe mit Wein. Den Kindern stellt er heiße Schokolade hin.

„Na, was sagt ihr?“, fragt Mister Morgan und zündet sich eine Pfeife an.

„Toll“, findet Elizabeth und guckt wieder nach draußen. Im Hafen verlöschen gerade die letzten Lichter.

„Pfui Teufel!“, sagt Ben und hält sich die Nase zu.

Mister Morgan lacht. „Richtig, du magst ja keinen Rauch.“ Er öffnet ein Fenster. „So, und nun erzählt!“

Während Ben seinem Vater berichtet, geht Elizabeth zu dem offenen Fenster. Sie schaut hinaus. Nichts ist zu sehen.

Nur manchmal spiegelt sich das Mondlicht auf dem schwarzen Wasser. Plötzlich hört sie ein leises Plätschern. Dann ist es wieder still.

Elizabeths Herz beginnt zu rasen. „Gibt es hier eigentlich Seeräuber, Mister Morgan?“

„Warum fragst du?“

„Nur so“, sagt das Mädchen und guckt erneut in die Nacht hinaus. Da, da ist es wieder. Elizabeth stockt der Atem. Klingt das nicht wie das Eintauchen von Rudern?

Angstvoll horcht das Mädchen auf die gedämpften Stimmen, die plötzlich an ihr Ohr dringen. Gerade will sie etwas sagen, da sieht sie, wie sich ein paar Männer geschickt auf das Deck hinaufziehen.

„Das sind nur Seeräuber!“, sagt Ben. Er ist zu ihr ans Fenster getreten.

Elizabeth wird blass. „Mister Morgan, da unten ...“

„Keine Sorge, das sind nur meine Leute.“ Behutsam führt der Kapitän das zitternde Mädchen zum Tisch zurück.

„Also doch keine Seeräuber?“ Elizabeth ist erleichtert.

Der Kapitän schaut seinen Sohn an.

„Nun sag es ihr schon“, murmelt Ben, „irgendwann erfährt sie es ja doch.“

Mister Morgan seufzt, kramt ein zusammengerolltes Schriftstück hervor und breitet es aus. „Hier“, sagt er, und deutet auf ein kleines Bildchen, „das ist unser König. Erkennst du ihn?“

Elizabeth nickt.

„Der König hat mir erlaubt, feindliche Schiffe zu kapern.“ Er zögert einen Augenblick. „Spanische Piraten, aber auch andere.“ Dann lächelt er. „Ich bin also auch so etwas wie ein Seeräuber. Aber ich tue das nicht für mich, sondern für unser Land." Der Kapitän rollt den Kaperbrief zusammen. „So, nun aber Schluss damit. William wird gleich das Essen bringen."

Als das Essen vor ihnen auf dem Tisch steht, bekommt Elizabeth kaum einen Bissen hinunter.

„Ich bin auf einem Seeräuberschiff", denkt sie. „Wenn nur erst morgen wäre!"

Berühmte Seeräuber

Ende des 17. Jahrhunderts begann das Goldene Zeitalter der Piraterie. Dreißig Jahre lang wüteten tausende von Seeräubern vor allem in der **Karibik**. Viele von ihnen wurden tatsächlich reich.

Schrecklichster Pirat der westindischen Gewässer war **Edward Teach**. **Schwarzbart**, wie er genannt wurde, kommandierte eine kleine Flotte. Ihm gehorchten vierhundert Seeräuber.

Nicht wenige Kapitäne erhielten von ihrer Regierung schriftliche Genehmigungen zum Kapern fremder Schiffe. Dies ist der **Kaperbrief** des englischen Seeräubers William Kidd.

Es gab auch weibliche Piraten. Die bekanntesten waren **Anne Bonny** und **Mary Read**. Beide kämpften erbitterter als viele männliche Seeräuber. Mary Read hat sogar einen anderen Piraten im Kampf besiegt und getötet.

1722 fand in der Festung von Cape Coast an der Goldküste von Westafrika der größte Prozess gegen Seeräuber statt. 54 Seeräuber wurden gehenkt.

Zum Tode verurteilte und hingerichtete Seeräuber wurden häufig öffentlich zur Schau gestellt. Dazu steckte man ihre Körper nicht selten in ein eisernes Gestell.

Der letzte große Seeräuberkapitän war **Bartholomew Roberts**. Er soll rund vierhundert Schiffe gekapert haben. Roberts trug immer zwei Pistolen in einem seidenen Gurt. Er starb im Kampf.

Der Piratenschatz

Carlos Mendez lebt in einem Fischerdorf in Mexiko. Er ist schon über siebzig Jahre alt. Sein weißes Häuschen steht am Meer. Uralte knorrige Olivenbäume schützen es vor der grellen Sonne.

Der alte Mendez hat sein ganzes Leben in dem Haus verbracht. Das soll sich auch nicht mehr ändern. Manchmal kommen seine Verwandten und helfen ihm ein bisschen. Heute sind Jose und Marti hier, seine jüngsten Enkel. Morgen wollen sie die Wände tünchen. Für diesen Tag aber haben sie sich vorgenommen, die Rumpelkammer aufzuräumen.

„Sieh mal“, sagt Jose und reicht seinem Bruder ein altes Buch, das er in einer Truhe gefunden hat.

Marti schlägt eine Seite auf. „Na und“, sagt er, schlägt es zu und gibt es Jose zurück, „kannst du es lesen?“ Das Buch ist in einer fremden Sprache geschrieben.

„Das meine ich doch gar nicht.“ Jose klappt den hinteren Buchdeckel auf. „Schau mal, hier!“

Die letzte, auf den Innendeckel geklebte Seite hat sich gelöst, und darunter lugt ein Zettel hervor. Jose zieht ihn heraus. Neben der Jahreszahl 1706 ist darauf auch eine Zeichnung zu sehen.

„Na?“ Jose boxt seinen Bruder in dic Seite. „Was sagst du nun?“

Marti sagt erstmal gar nichts. Dann pfeift er durch die Zähne. „Ich glaube, das ist eine alte Karte.“ Marti schaut aus dem Fenster. „Hier“, sagt er und zeigt auf die Karte, „das ist unsere Bucht.“

„Und dies Großvaters Haus.“ Jose tippt auf ein kleines Kästchen dicht am Meer.

„Und der große Baum auf dem Hügel dort, das müsste der alte Olivenbaum sein.“

Marti überlegt kurz. „Hat Großvater nicht mal von Piratenüberfällen erzählt, hier in unserer Bucht?“

„Klar, vor dreihundert Jahren oder so.“ Jose reißt plötzlich die Augen auf. „Mann, wir haben eine Schatzkarte der Piraten!“

„Und wo, bitte, ist der Schatz eingezeichnet?“

„Gib mal her.“ Jose nimmt Marti die Karte aus der Hand. „Hier“, sagt er plötzlich. „Siehst du den winzigen Pfeil im Olivenbaum?“

„Tatsächlich.“ Marti nickt. „Ich glaube, er zeigt auf die Felsenhöhle.“

„Dann nichts wie los.“ Jose klopft sich den Staub von der Hose. „Aber wir brauchen eine Taschenlampe.“

„Und einen Spaten“, überlegt Marti. „Die

Taschenlampe besorge ich, den Spaten du. Aber pass auf, dass dich Großvater nicht sieht.“

Eine halbe Stunde später sind sie auf dem Weg zur Felsenhöhle. Es ist schwül geworden. Am Himmel stehen große, dunkle Wolken.

„Gleich wird es ein Unwetter geben“, meint Jose. Er fühlt sich plötzlich ziemlich unbehaglich.

„Hier sind wir sicher“, sagt Marti, als sie die Höhle erreicht haben. Tapfer leuchtet er in den dunklen Höhleneingang. Als sie noch kleiner waren, haben sie hier oft gespielt, aber das war bei hellem Tageslicht. Im Schein der Taschenlampe wirkt die Höhle richtig unheimlich.

Marti geht voran. Der Gang ist schmal. Nach etwa hundert Metern teilt er sich. Marti weiß, dass der rechte Gang schon nach wenigen Metern endet.

„Wir nehmen den linken“, entscheidet er. Nach einer Biegung geht es nur noch bergan. Die beiden Jungen keuchen vor Anstrengung. Endlich weitet sich der Gang, und sie stehen in einem kleinen Raum. Marti leuchtet die Wände ab. Wo könnte man hier einen Schatz verstecken?

Jose lässt sich schwer auf einen Steinblock fallen, Marti hockt sich daneben. Da kommt ihm plötzlich ein Gedanke. „Steh mal auf“, sagt er und legt die Taschenlampe auf einen Felsvorsprung. Auf ein Zeichen von Marti versuchen sie gemeinsam, den Stein zu verrücken. Sie schaffen nur wenige Zentimeter.

Gerade wollen sie es ein zweites Mal

versuchen, als aus dem Gang ein Geräusch zu hören ist.

„Da kommt jemand“, flüstert Jose. Sein Herz schlägt ihm bis zum Hals.

Atemlos lauschen sie in die Dunkelheit. Aber es ist nichts mehr zu hören.

„Das war bestimmt das Gewitter“, meint Marti. „Los, wir versuchen es noch einmal!“

Und wieder bewegen sie mit großer Anstrengung den Stein ein Stückchen weiter.

„Stopp“, ruft Marti und tastet den Boden ab. Plötzlich sagt er aufgeregt: „Holz, hier ist Holz ...“ Er holt die Taschenlampe. „Mensch, ein Deckel, ich werd verrückt.“

„Ich bin es schon“, jubelt Jose. Dann erstarrt er.

Schritte sind zu hören, ganz deutlich. Irgendjemand ist im Gang und kommt immer näher. Marti ist wie gelähmt.

„Hallo!“, ruft da plötzlich eine bekannte Stimme. „Ist da wer?“

Und dann steht der Großvater in der Höhle!

Marti atmet erleichtert auf. „Großvater! Woher weißt du ...?“

„Das Gewitter“, erklärt der Großvater. „Der Strom ist weg, und meine Taschenlampe auch. Na ja, und da habe ich mir gedacht, dass ihr vielleicht hier seid.“

„Wir haben eine Karte gefunden“, platzt Jose heraus, „mit einem Piratenschatz.“

Marti zeigt auf den Steinblock. „Hier unten ist er.“

„Welcher Schatz?“ Der Großvater greift zur Taschenlampe. „In der Kiste hat der Urgroßvater meines Großvaters nur seine Habseligkeiten versteckt.“

„Vor wem denn?“

„Vor den Piraten.“ Der Großvater wendet sich zum Gehen. „Das waren schlimme Zeiten.“

„Und die Zeichnung?“

Der Großvater zuckt mit den Schultern. „Vielleicht hatte er Angst, die Überfälle nicht zu überleben. Dann hätten die anderen gewusst, wo sie suchen mussten.“

„Wenn sie die Karte gefunden hätten“, murmelt Jose und trottet enttäuscht hinter dem Großvater her.

Piratenschätze

Piraten konnten fast alles gebrauchen, was sie auf den gekaperten Schiffen vorfanden: Neben Gold und Geld auch Gewürze, Tabak, Waffen, Taue oder Segel.

Die **Beute** eines gekaperten Schiffes teilten sich die Piraten untereinander auf. Das meiste bekam der Kapitän. Manchmal betrog er die anderen. Dann vergrub er seine Beute vielleicht auf einer einsamen Insel.

Nicht selten schloss ein Piratenkapitän vor einem Raubzug mit einem Kaufmann eine Vereinbarung. Der **Kaufmann** rüstete ihn für die Piratenreise aus. Dafür bekam er dann einen Teil der Beute.

Schatzsucher haben auch Schätze gefunden, die vor Piraten versteckt wurden. So vergruben Mönche Kirchenschätze vor den Wikingern. Ebenso verbargen wohlhabende Römer ihre Reichtümer vor den Seeräubern.

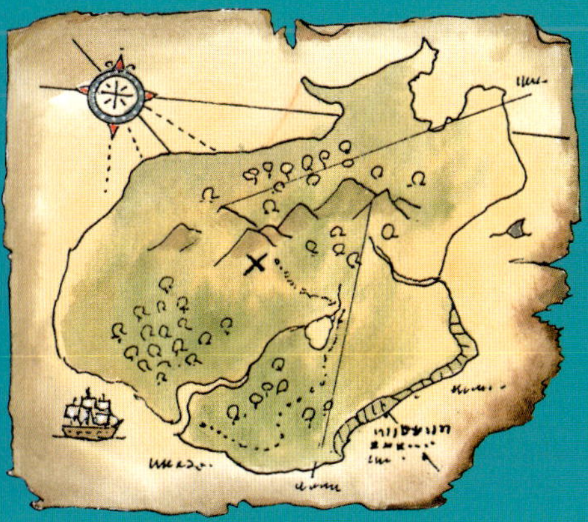

Viele Piraten starben, bevor sie ihre Schätze wieder ausbuddeln konnten. Manche hinterließen verschlüsselte **Schatzkarten** von den Verstecken. Einige Piratenschätze warten noch immer auf ihre Entdeckung.

Auch heute gibt es noch Seeräuber. Sie treiben vor allem in Südostasien ihr Unwesen. **Moderne Piraten** benutzen schnelle Boote. Sie machen auch vor riesengroßen Containerschiffen nicht Halt und haben es auf deren Ladung abgesehen.

Rainer Crummenerl wurde 1942 in Falkenberg/ Elster geboren. Er machte eine Ausbildung zum Journalisten und arbeitete bei verschiedenen Zeitungen. Irgendwann hat er angefangen, die Streiche und Erlebnisse seiner beiden Kinder in Geschichten zu verarbeiten. Das machte ihm so viel Spaß, dass er noch heute vor allem für Kinder schreibt. Rainer Crummenerl lebt als freier Autor in der Nähe von Leipzig.

Silvia Christoph, geboren 1950, studierte Grafik-Design und arbeitet seit mehr als 20 Jahren als freie Illustratorin. Heute schreibt und illustriert sie Kinderbücher und ist für zahlreiche Verlage tätig. Sie ist außerdem Musikerin, spielte in verschiedenen Bands und arbeitete als Studiosängerin für Disney-Produktionen.

Leselöwen Wissen

Abenteuer- und Sachgeschichten

Leselöwen wissen mehr!

- *Wie schnell läuft das schnellste Pferd der Welt?*
- *Welche Erfolge erzielte Diego Maradona während seiner Karriere?*
- *Mit welchen Waffen wurde während der Ritterzeit gekämpft?*
- *Warum gehören Delfine nicht zu den Fischen?*
- *Wie groß war der größte Dinosaurier?*

Auf all diese Fragen weiß die Reihe **Leselöwen-Wissen** interessante und verblüffende Antworten. Neben Sachseiten mit zahlreichen Fakten bietet sie spannende Geschichten zu vielen Lieblingsthemen.

Loewe